AF205779

Impressum
Verlag: BABADADA GmbH, Nedderfeld 112 , 22529 Hamburg
Geschäftsführer / Verlagsleitung: Harald Hof
Druck: Books on Demand GmbH, In de Tarpen 42, 22848 Norderstedt

Imprint
Publisher: BABADADA GmbH, Nedderfeld 112 , 22529 Hamburg, Germany
Managing Director / Publishing direction: Harald Hof
Print: Books on Demand GmbH, In de Tarpen 42, 22848 Norderstedt, Germany

школа

škola

классная комната
třída

делить
dělit

186/2

доска
tabule

школьный двор
školní hřiště

учитель
učitel

бумага
papír

писать
psát

ручка
pero

письменный стол
psací stůl

линейка
pravítko

книга
kniha

ученик
žák

ранец

aktovka

пенал

penál

карандаш

tužka

точилка

ořezávátko

ластик

guma

альбом для рисования

blok na kreslení

рисунок

výkres

кисточка

štětec

коробка красок

malířské potřeby

ножницы

nůžky

клей

lepidlo

тетрадь

cvičebnice

домашняя работа

domácí úkol

12

цифра

počet

2+2

прибавлять

sčítat

5-2

вычитать

odčítat

2×2

умножать

násobit

считать

počítat

A

буква

písmeno

ABCDEFG HIJKLMN OPQRSTU VWXYZ

алфавит

abeceda

hello

слово

slovo

текст

text

читать

číst

мел

křída

урок

hodina

классный журнал

třídní kniha

экзамен

zkouška

диплом

vysvědčení

школьная форма

školní uniforma

образование

vzdělání

энциклопедия

encyklopedie

университет

univerzita

микроскоп

mikroskop

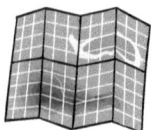

карта

karta

корзина для бумаг

odpadkový koš na papír

путешествие

cesta

Grand
гостиница
hotel
турбаза
ubytovna
ROOMS
пункт обмена валюты
směnárna
чемодан
kufr
автомобиль
auto

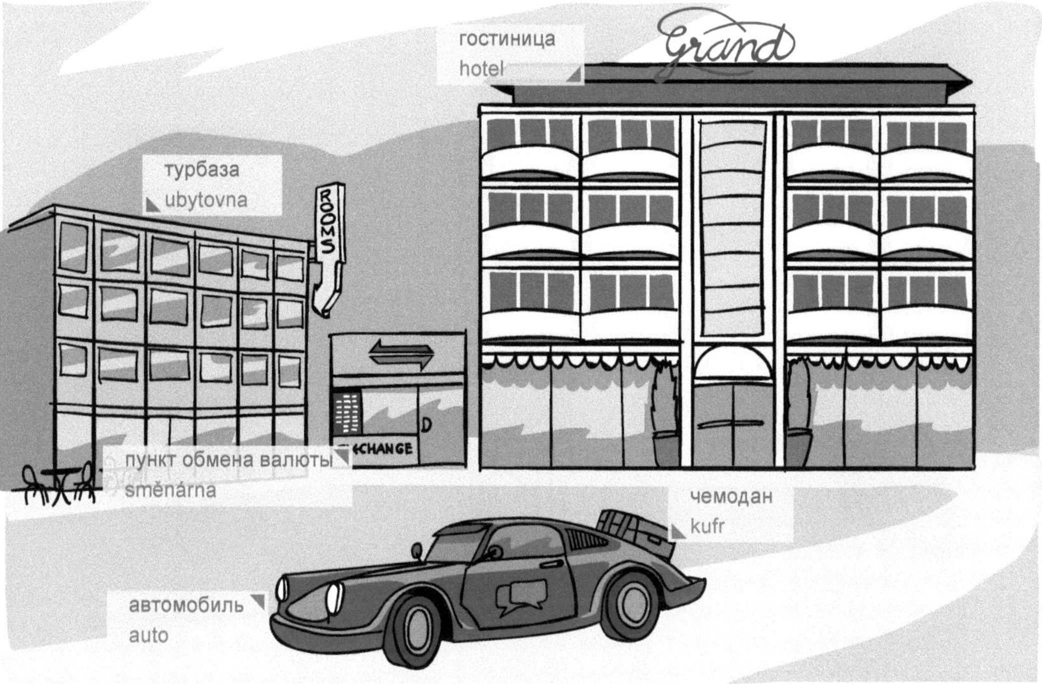

язык
jazyk

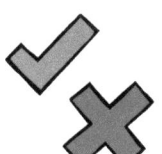

да / нет
ano / ne

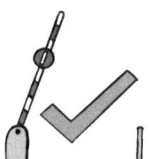

хорошо
oukej

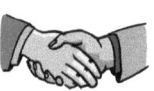

Привет
Ahoj!

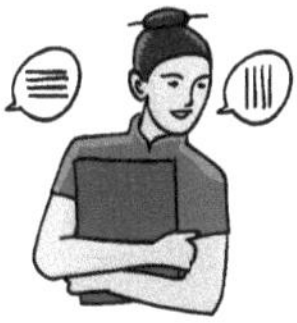

переводчик
překladatel

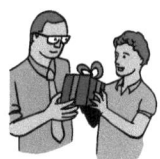

Спасибо
děkuji

Сколько стоит...?

Kolik stojí...?

Я не понимаю

nerozumím

проблема

problém

Добрый вечер!

Dobrý večer!

Доброе утро!

Dobré ráno!

Доброй ночи!

Dobrou noc!

До свидания

na shledanou

направление

směr

багаж

zavazadlo

сумка

taška

рюкзак

batoh

гость

host

комната

pokoj

спальный мешок

spací pytel

палатка

stan

туристическая информация

turistické informace

пляж

pláž

кредитная карточка

kreditní karta

завтрак

snídaně

обед

oběd

ужин

večeře

билет

jízdenka

лифт

výtah

почтовая марка

poštovní známka

граница

hranice

таможня

clo

посольство

poselství

виза

vízum

паспорт

pas

транспорт

transport

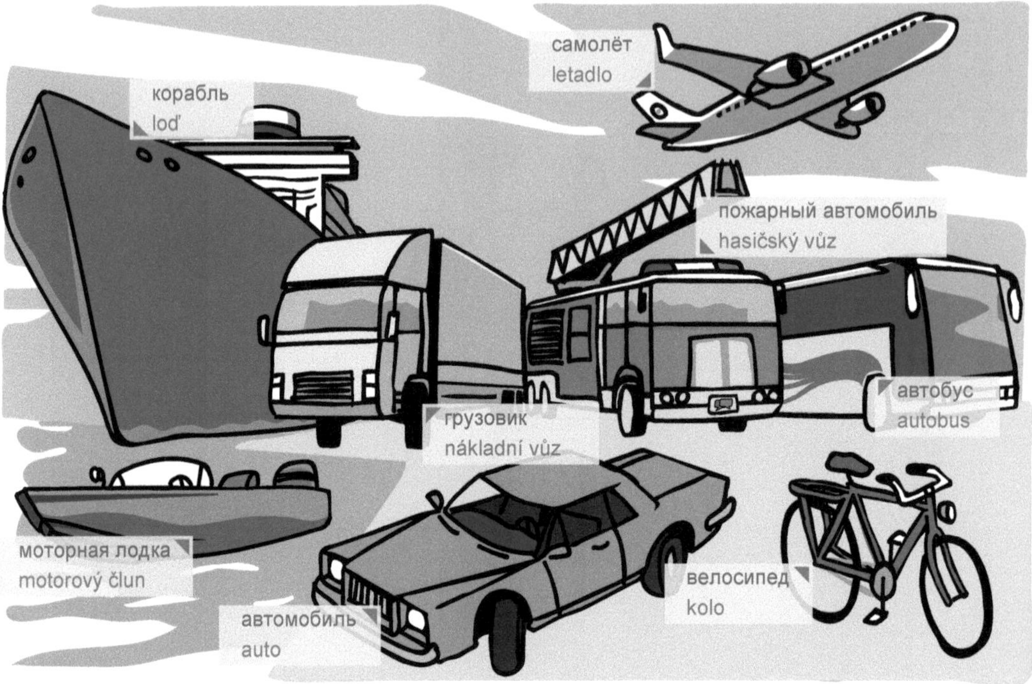
самолёт
letadlo
корабль
loď
пожарный автомобиль
hasičský vůz
автобус
autobus
грузовик
nákladní vůz
моторная лодка
motorový člun
велосипед
kolo
автомобиль
auto

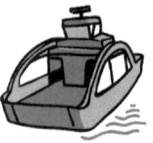

паром

přívoz

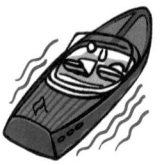

лодка

člun

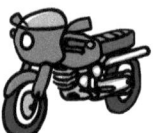

мотоцикл

motorka

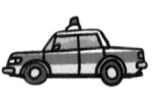

полицейский автомобиль

policejní auto

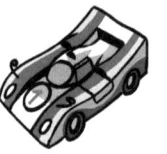

гоночный автомобиль

závodní auto

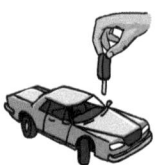

арендованный автомобиль

pronajaté auto

совместное пользование
автомобилями

sdílení aut

буксировочный
автомобиль
odtahová služba

мусоровоз

popelářský vůz

двигатель

motor

топливо

palivo

заправка

čerpací stanice

дорожный знак

dopravní značka

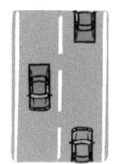

движение

doprava

пробка

dopravní zácpa

автостоянка

parkoviště

вокзал

vlakové nádraží

рельсы

koleje

поезд

vlak

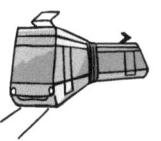

трамвай

tramvaj

вагон

vagón

вертолёт

helikoptéra

аэропорт

letiště

вышка

věž

пассажир

pasažér

контейнер

kontejner

коробка

kartón

тележка

trakař

корзина

koš

взлетать / приземляться

vzlétnout / přistát

город

město

деревня

vesnice

центр города

střed města

дом

dům

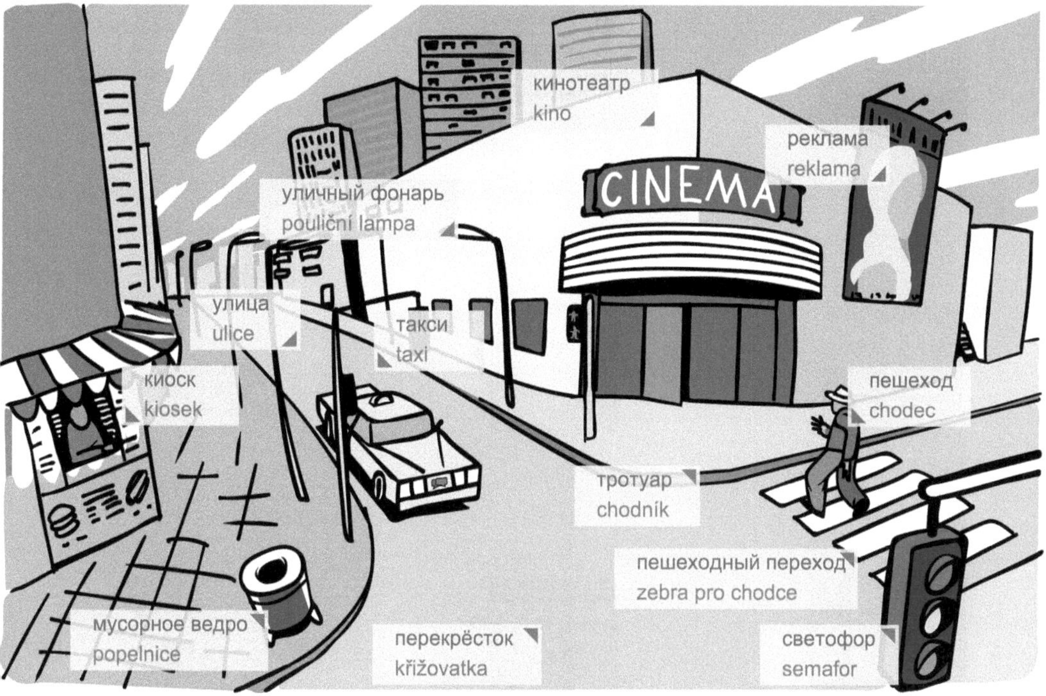

кинотеатр
kino
реклама
reklama
CINEMA
уличный фонарь
pouliční lampa
улица
ulice
такси
taxi
киоск
kiosek
пешеход
chodec
тротуар
chodník
пешеходный переход
zebra pro chodce
мусорное ведро
popelnice
перекрёсток
křižovatka
светофор
semafor

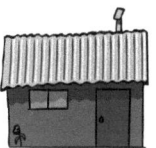

хижина

chata

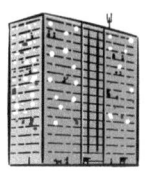

квартира

byt

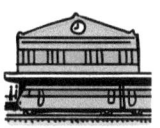

вокзал

vlakové nádraží

ратуша

radnice

MUSEUM

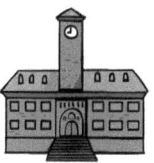

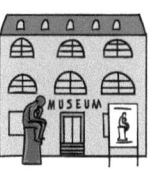

музей

muzeum

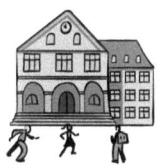

школа

škola

университет	банк	больница
univerzita	banka	nemocnice
		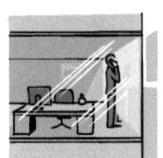
гостиница	аптека	офис
hotel	lékárna	kancelář

книжный магазин	магазин	цветочный магазин
knihkupectví	obchod	květinářství

супермаркет	рынок	универмаг
supermarket	tržnice	obchodní dům

торговец рыбой	торговый центр	порт
rybárna	nákupní centrum	přístav

парк

park

скамейка

lavička

мост

most

лестница

schody

метро

metro

тоннель

tunel

автобусная остановка

autobusová zastávka

бар

bar

ресторан

restaurace

почтовый ящик

poštovní schránka

табличка с названием
улицы

pouliční tabule

паркометр

parkovací hodiny

зоопарк

zoo

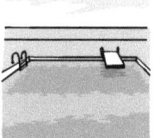

бассейн

plovárna

мечеть

mešita

ферма

usedlost

загрязнение окружающей среды

znečišťování životního prostředí

кладбище

hřbitov

церковь

církev

детская площадка

hřiště

храм

chrám

ландшафт

krajina

лист
list

дорожный указатель
rozcestník

дорога
cesta

луг
louka

камень
kámen

путешественник
turista

дерево
strom

река
řeka

трава
tráva

цветок
květina

долина

údolí

гора

hora

озеро

jezero

лес

les

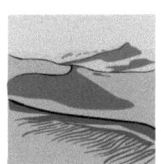

пустыня

poušť

вулкан

sopka

замок

zámek

радуга

duha

гриб

houba

пальма

palma

комар

komár

муха

moucha

муравей

mravenec

пчела

včela

паук

pavouk

жук

brouk

лягушка

žába

белка

veverka

еж

ježek

заяц

zajíc

сова

sova

птица

pták

лебедь

labuť

кабан

divoké prase

олень

jelen

лось

los

плотина

přehrada

ветряной генератор

větrné kolo

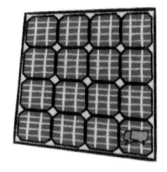

солнечная батарея

solární panel

климат

podnebí

ресторан

restaurace

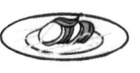

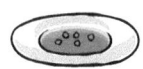

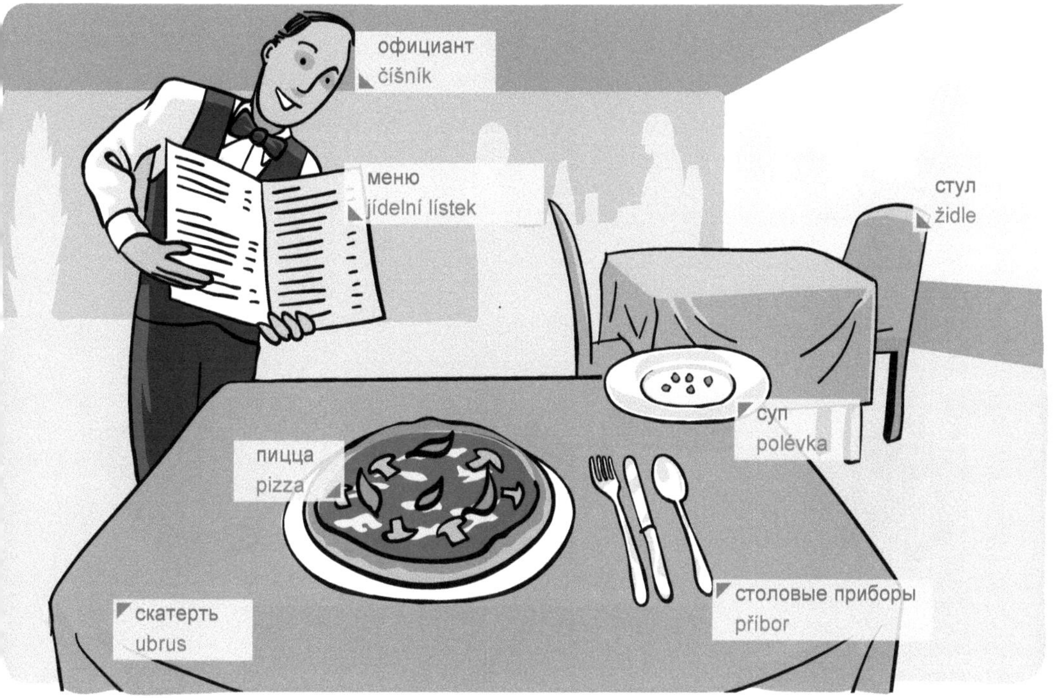
официант
číšník
меню
jídelní lístek
стул
židle
суп
polévka
пицца
pizza
столовые приборы
příbor
скатерть
ubrus

закуска

předkrm

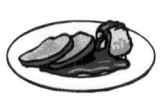

главное блюдо

hlavní chod

десерт

dezert

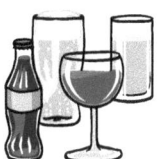

напитки

nápoje

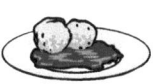

еда

jídlo

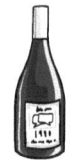

бутылка

láhev

фастфуд

rychlé občerstvení

уличная еда

pouliční občerstvení

чайник

čajová konvice

сахарница

cukřenka

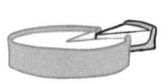

порция

porce

кофеварка

kávovar na espresso

детский стульчик

dětská stolička

счет

faktura

поднос

tác

нож

nůž

вилка

vidlička

ложка

lžíce

чайная ложка

čajová lyžička

салфетка

ubrousek

стакан

sklenička

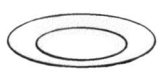

тарелка

talíř

суповая тарелка

talíř na polévku

блюдце

podšálek

соус

omáčka

солонка

slánka

мельница для перца

mlýnek na pepř

уксус

ocet

масло

olej

специи

koření

кетчуп

kečup

горчица

hořčice

майонез

majonéza

супермаркет
supermarket

специальное предложение
nabídka
FOR
покупатель
zákazník
молочные продукты
mléčné výrobky
фрукты
ovoce
тележка для покупок
nákupní vozík

BUTCHERS

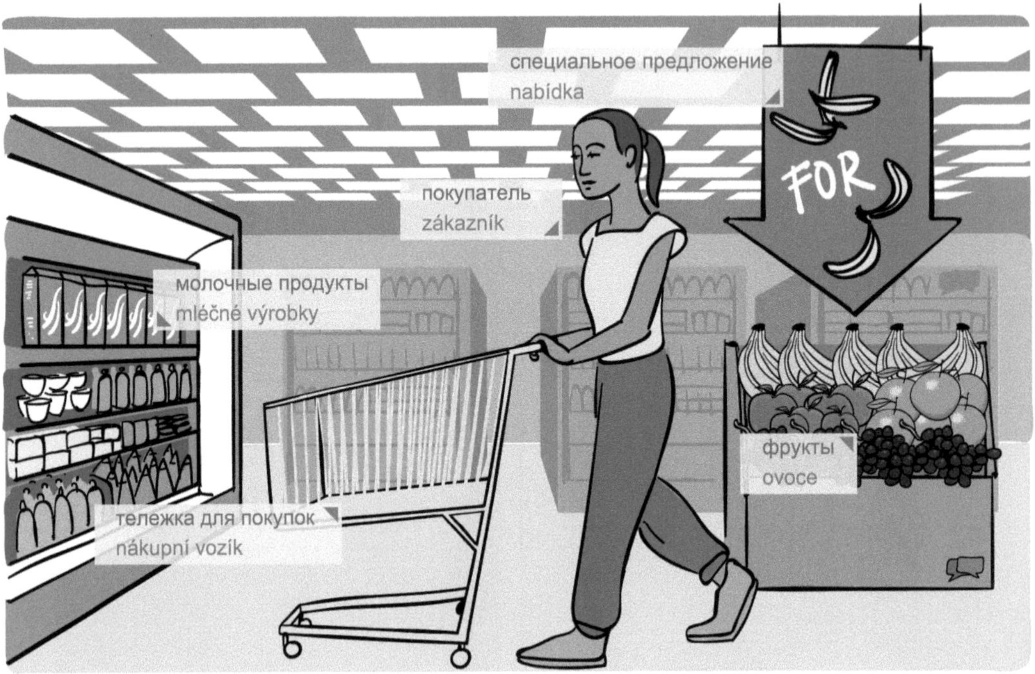

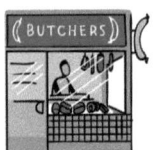

мясной магазин

masna

BAKERY

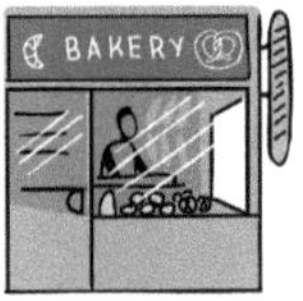

пекарня

pekařství

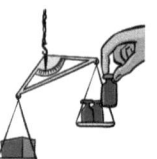

взвешивать

vážit

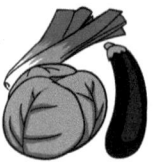

овощи

zelenina

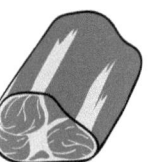

мясо

maso

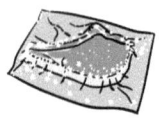

быстрозамороженные продукты

mražené potraviny

нарезка

obložený talíř

консервы

konzervy

стиральный порошок

prací prášek

сладости

cukrovinky

предмет домашнего обихода

výrobky pro domácnost

моющее средство

čisticí prostředek

продавщица

prodavačka

касса

pokladna

кассир

pokladní

список покупок

nákupní seznam

время работы

otevírací doba

бумажник

peněženka

кредитная карточка

kreditní karta

сумка

taška

полиэтиленовый пакет

igelitová taška

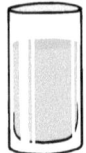

вода

voda

сок

džus

молоко

mléko

кока-кола

kola

вино

víno

пиво

pivo

алкоголь

alkohol

какао

kakao

чай

čaj

кофе

káva

эспрессо

espresso

капучино

kapučíno

банан

banán

яблоко

jablko

апельсин

pomeranč

арбуз

meloun

лимон

citrón

морковь

mrkev

чеснок

česnek

бамбук

bambus

лук

cibule

гриб

houba

орехи

ořechy

лапша

těstoviny

спагетти

špageti

рис

rýže

салат

salát

картофель фри

hranolky

жареный картофель

americké brambory

пицца

pizza

гамбургер

hamburger

сэндвич

sendvič

шницель

řízek

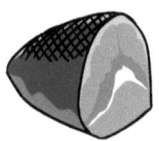

ветчина

šunka

салями

salám

колбаса

salám

курица

kuře

жаркое

pečeně

рыба

ryby

овсяные хлопья

ovesné vločky

мюсли

müsli

кукурузные хлопья

vločky

мука

mouka

круассан

croissant

булочка

houska

хлеб

chléb

тост

toast

печенье

sušenky

масло

máslo

творог

tvaroh

пирог

buchta

яйцо

vejce

яичница

volské oko

сыр

sýr

мороженое

zmrzlina

сахар

cukr

мёд

med

мармелад

marmeláda

крем с нугой

nugátový krém

карри

kari

ферма
usedlost

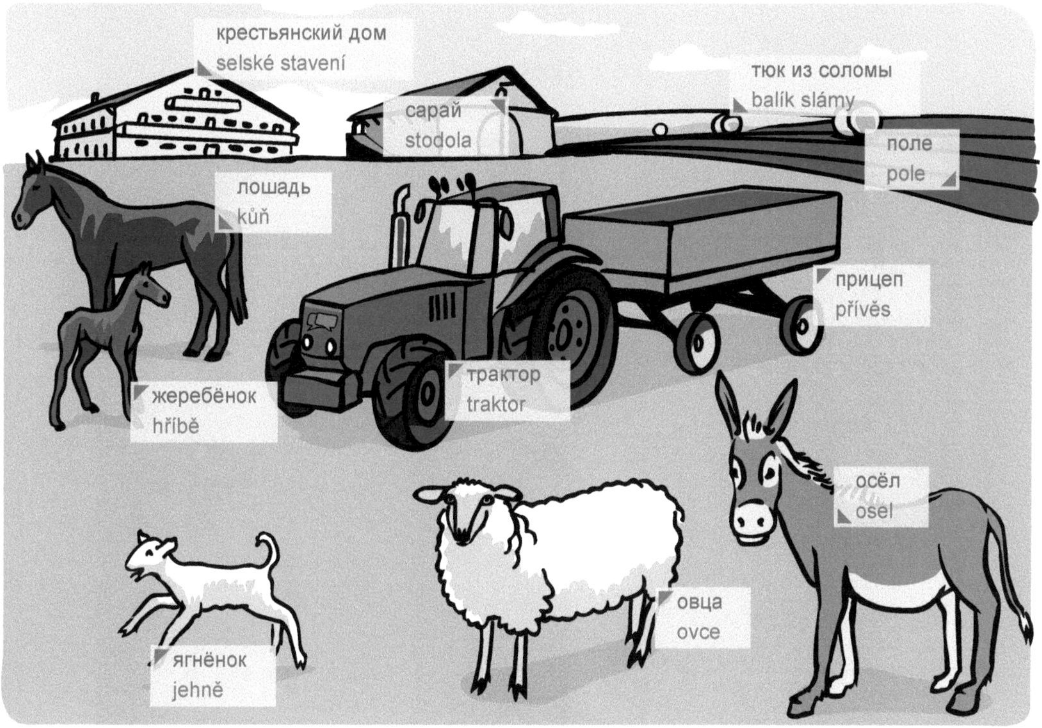
крестьянский дом
selské stavení
сарай
stodola
тюк из соломы
balík slámy
поле
pole
лошадь
kůň
прицеп
přívěs
трактор
traktor
жеребёнок
hříbě
осёл
osel
овца
ovce
ягнёнок
jehně

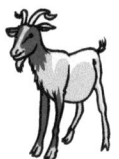

коза

koza

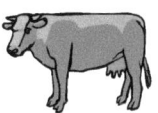

корова

kráva

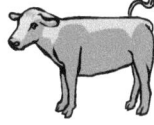

телёнок

tele

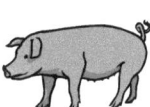

свинья

prase

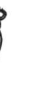

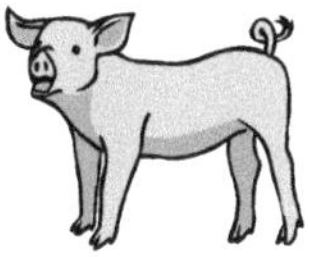

поросёнок

sele

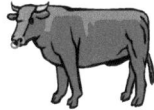

бык

býk

гусь

husa

утка

kachna

цыплёнок

kuře

курица

slepice

петух

kohout

крыса

krysa

кошка

kočka

мышь

myš

вол

vůl

собака

pes

конура

psí bouda

садовый шланг

zahradní hadice

лейка

kropicí konev

коса

kosa

плуг

pluh

серп

srp

мотыга

motyka

навозные вилы

vidle

топор

sekera

тачка

kolecko

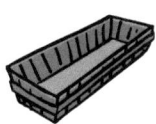

корыто

koryto

бидон для молока

konev na mléko

мешок

pytel

забор

plot

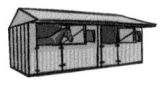

хлев

stáj

теплица

skleník

почва

půda

посев

osivo

удобрение

hnojivo

комбайн

kombajn

собирать урожай

sklidit

урожай

sklizeň

ямс

smldinec

пшеница

pšenice

соя

sója

картофель

brambora

кукуруза

kukuřice

рапс

řepka

фруктовое дерево

ovocný strom

маниок

maniok

злаки

obilí

дымоход
komín

крыша
střecha

водосточный желоб
okap

окно
okno

гараж
garáž

звонок
zvonek

дверь
dveře

мусорное ведро
popelnice

почтовый ящик
dopisní schránka

сад
zahrada

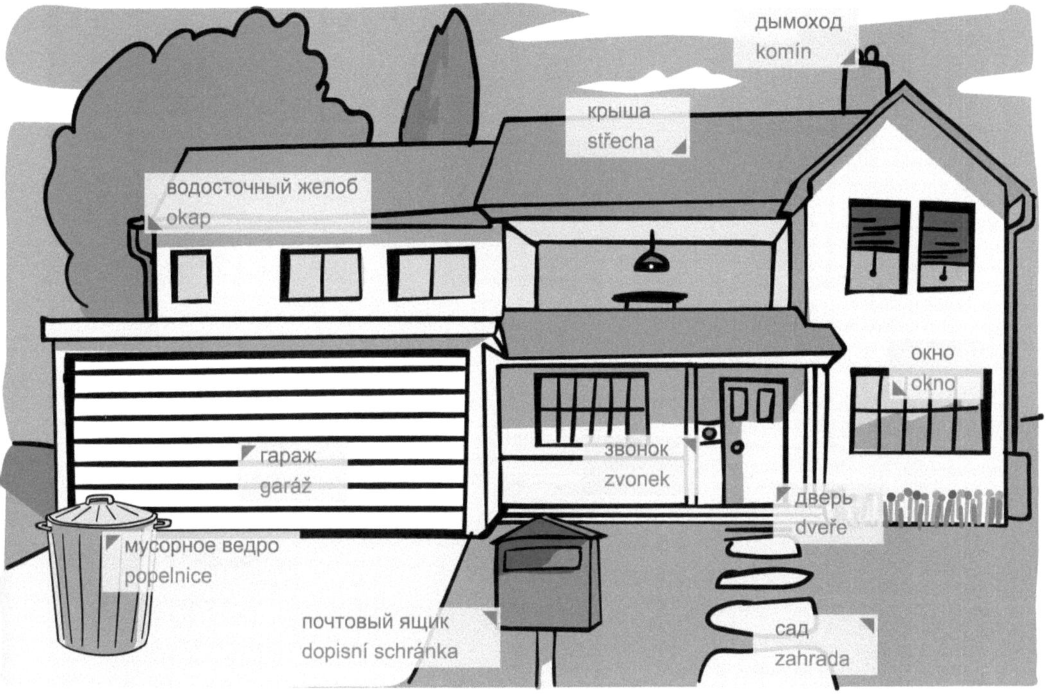

гостиная

obývací pokoj

ванная комната

koupelna

кухня

kuchyně

спальня

ložnice

детская комната

dětský pokoj

столовая

jídelna

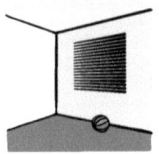

пол

podlaha

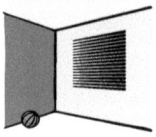

стена

zeď

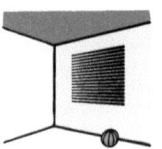

потолок

deka

подвал

sklep

сауна

sauna

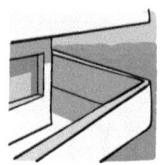

балкон

balkón

терраса

terasa

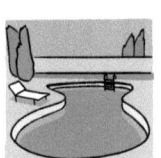

бассейн

bazén

газонокосилка

sekačka na trávu

пододеяльник

ložní prádlo

покрывало

lůžková přikrývka

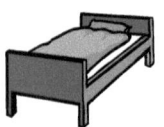

кровать

postel

метла

smeták

ведро

kýbl

выключатель

vypínač

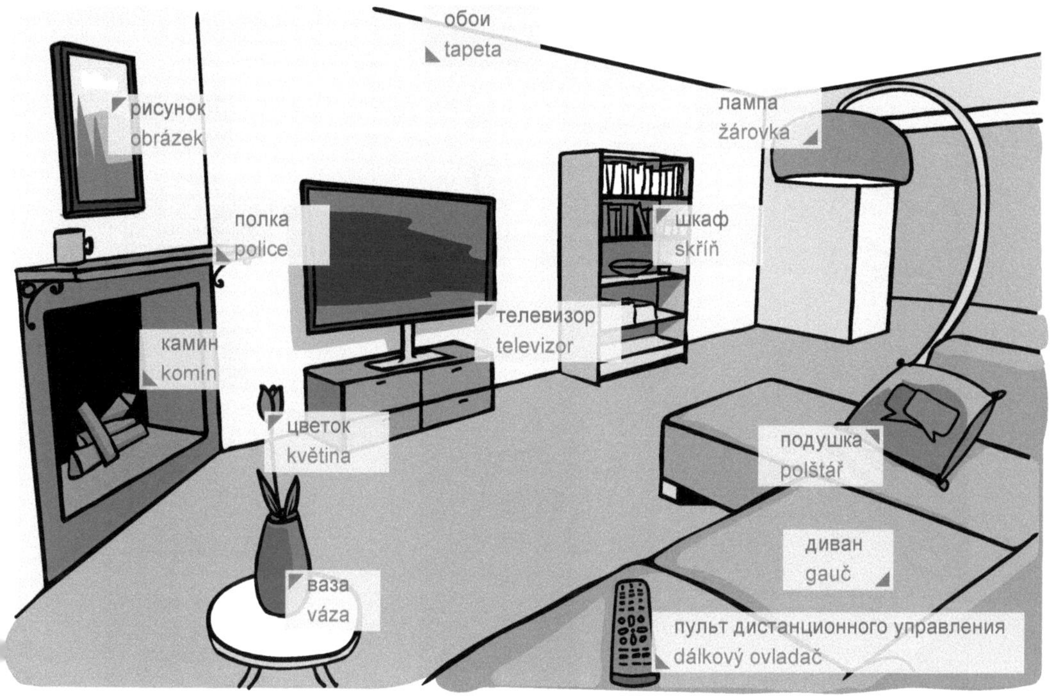

обои
tapeta

рисунок
obrázek

лампа
žárovka

полка
police

шкаф
skříň

камин
komín

телевизор
televizor

цветок
květina

подушка
polštář

диван
gauč

ваза
váza

пульт дистанционного управления
dálkový ovladač

ковёр

koberec

штора

závěs

стол

stůl

стул

židle

кресло-качалка

houpací křeslo

кресло

křeslo

книга

kniha

покрывало

strop

украшение

ozdoba

дрова

palivové dříví

фильм

film

стереосистема

stereo souprava

ключ

klíč

газета

noviny

картина

malba

плакат

plakát

радио

rádio

блокнот

poznámkový blok

пылесос

vysavač

кактус

kaktus

свеча

svíce

кухня
kuchyně

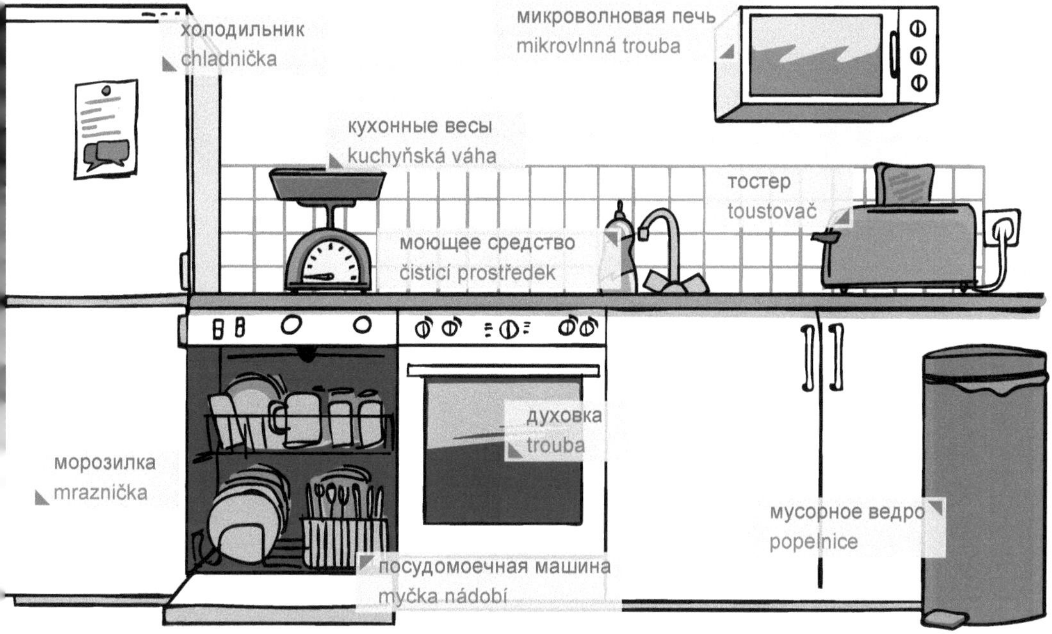

холодильник
chladnička
микроволновая печь
mikrovlnná trouba
кухонные весы
kuchyňská váha
тостер
toustovač
моющее средство
čisticí prostředek
духовка
trouba
морозилка
mraznička
мусорное ведро
popelnice
посудомоечная машина
myčka nádobí

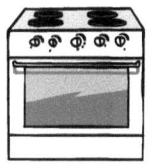

плита

sporák

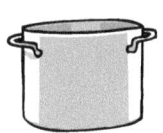

кастрюля

hrnec

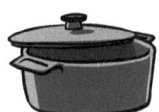

чугунный котелок

litinový hrnec

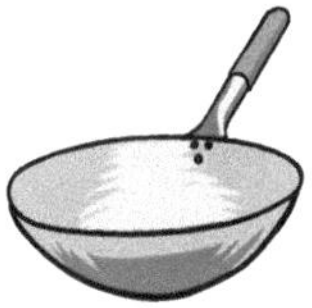

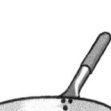

вок / кадай

wok / kadai

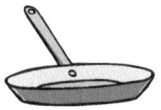

сковорода

pánev

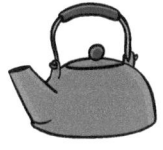

чайник

varná konvice

пароварка

parní hrnec

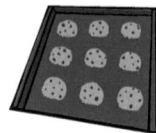

противень

plech na pečení

посуда

nádobí

кружка

hrnek

миска

miska

палочки для еды

jídelní hůlky

половник

naběračka

лопатка

obracečka

сбивалка

metla

сито

síto

сито

cedník

тёрка

struhadlo

ступка

hmoždíř

гриль

gril

костёр

ohniště

доска

prkénko na krájení

скалка

váleček na těsto

штопор

vývrtka

жестяная банка

dóza

консервный нож

otvírák na konzervy

прихватка

chňapka

раковина

umyvadlo

щетка

kartáč na nádobí

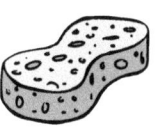

губка

houba

миксер

mixér

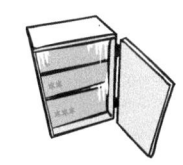

морозильная камера

mrazák

бутылочка для кормления

dětská lahev

кран

kohoutek

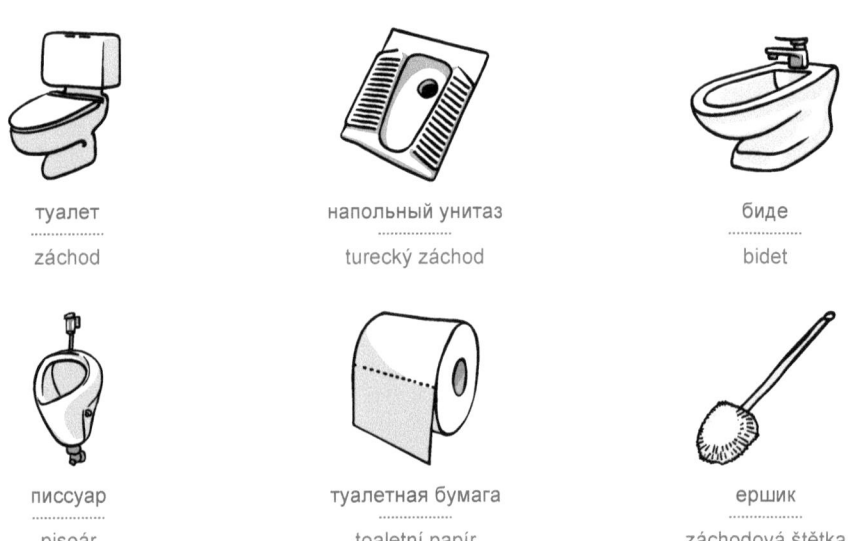

ванная комната

koupelna

душ
sprcha
отопление
topení
полотенце
ručník
душевая занавеска
sprchový závěs
пенистая ванна
pěnová koupel
ванна
vana
стакан
sklenička
стиральная машина
pračka
кран
kohoutek
плитка
obkladačky
горшок
nočník
раковина
umyvadlo

туалет

záchod

напольный унитаз

turecký záchod

биде

bidet

писсуар

pisoár

туалетная бумага

toaletní papír

ершик

záchodová štětka

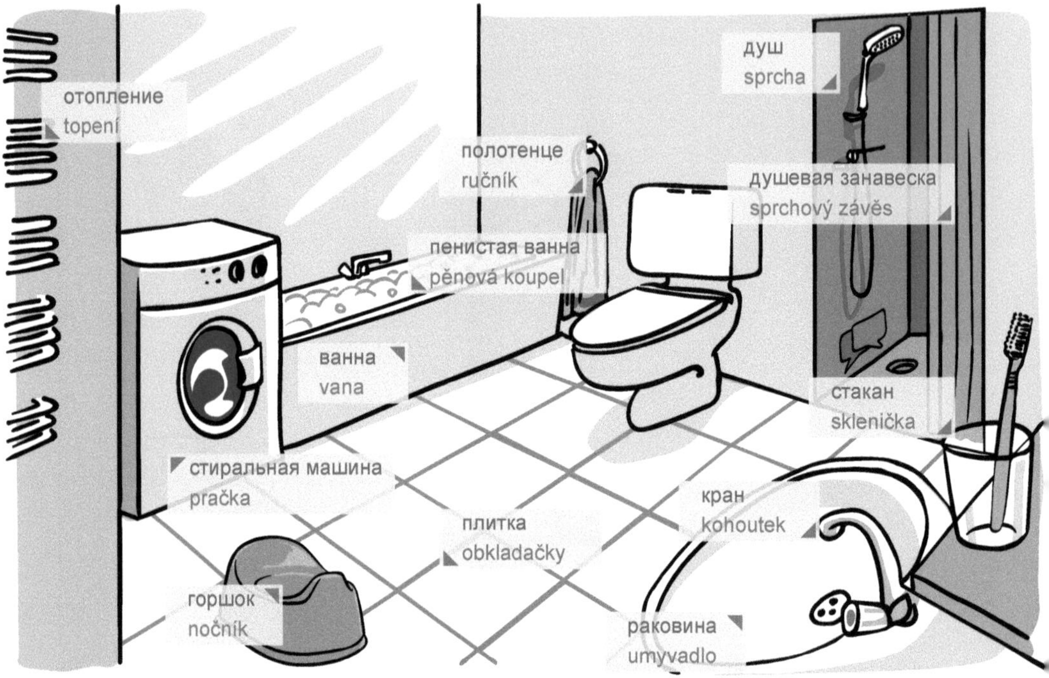

зубная щетка

zubní kartáček

зубная паста

zubní pasta

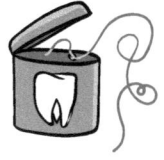

зубная нить

zubní niť

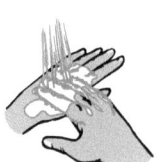

мыть

mýt

ручной душ

ruční sprcha

интимный душ

intimní sprcha

таз

umyvadlo

щетка для спины

kartáč na záda

мыло

mýdlo

гель для душа

sprchový gel

шампунь

šampón

мочалка

žínka

сток

odpad

крем

krém

дезодорант

deodorant

зеркало

zrcadlo

ручное зеркало

kosmetické zrcátko

бритва

holicí strojek

пена для бритья

pěna na holení

лосьон после бритья

voda po holení

расческа

hřeben

щетка

kartáč

фен

fén

лак для волос

lak na vlasy

косметика

makeup

губная помада

rtěnka

лак для ногтей

lak na nehty

вата

vata

маникюрные ножницы

nůžky na nehty

духи

parfém

косметичка

taška s toaletními potřebami

табуретка

stolička

весы

váha

халат

župan

резиновые перчатки

gumové rukavice

тампон

tampón

гигиеническая прокладка

dámská vložka

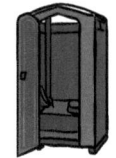

биотуалет

chemická toaleta

детская комната
dětský pokoj

будильник
budík
мягкая игрушка
plyšová hračka
игрушечный автомобиль
autíčko
погремушка
chrastítko
кукольный домик
domeček pro panenky
подарок
dárek

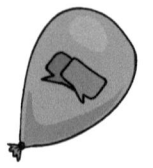

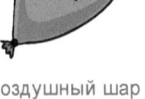

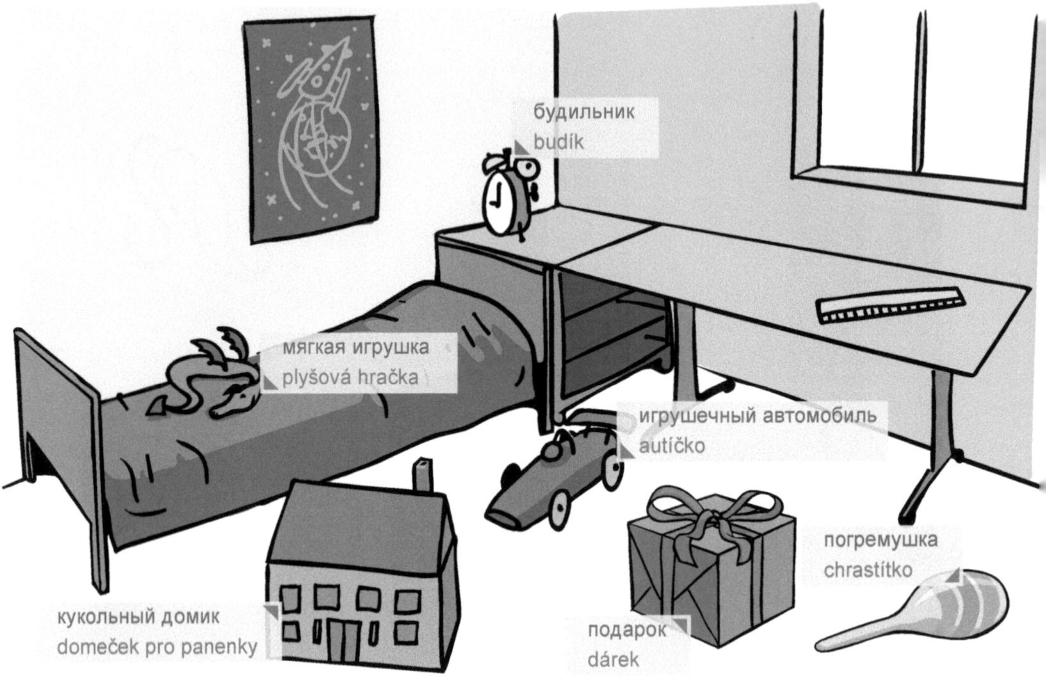

воздушный шар

balón

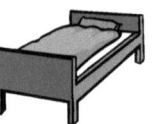

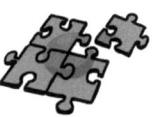

кровать

postel

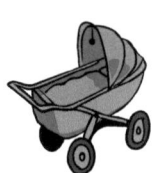

детская коляска

kočárek

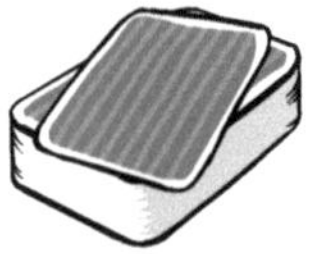

карточная игра

balíček karet

пазл

puzzle

SUPER
MEGA

комикс

komiks

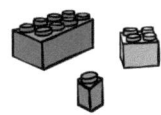

кирпичики Лего

lego kostky

кубики

stavebnice

игрушечная фигурка

akční figurka

ползунки

dupačky

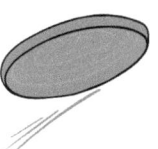

фрисби

frisbee

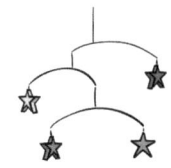

мобиле

závěsné hračky nad postýlku

настольная игра

desková hra

кубик

kostky

модель железной дороги

modelová železnice

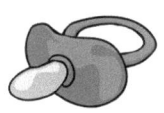

соска

dudlík

вечеринка

oslava

книга с картинками

obrázková kniha

мяч

míč

кукла

panenka

играть

hrát si

песочница

pískoviště

качели

houpačka

игрушка

hračky

игровая приставка

hrací konzole

трёхколесный велосипед

tříkolka

плюшевый медвежонок

medvídek

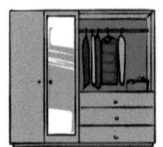

шкаф для одежды

šatník

одежда

oblečení

носки

ponožky

чулки

punčochy

колготки

punčochové kalhoty

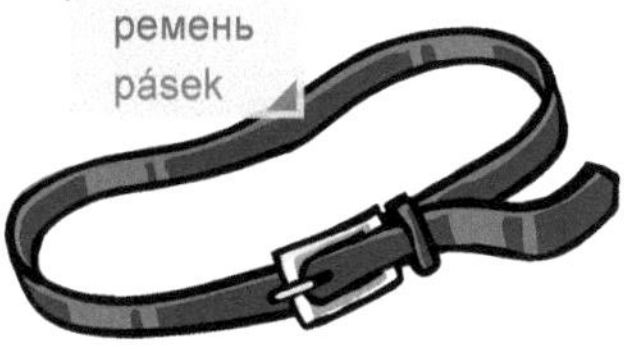

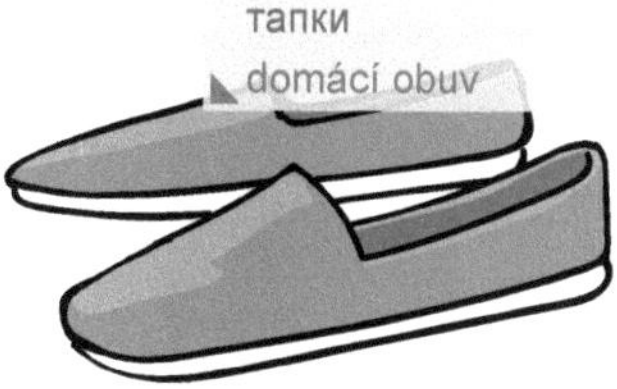

шарф
šála

зонтик
deštník

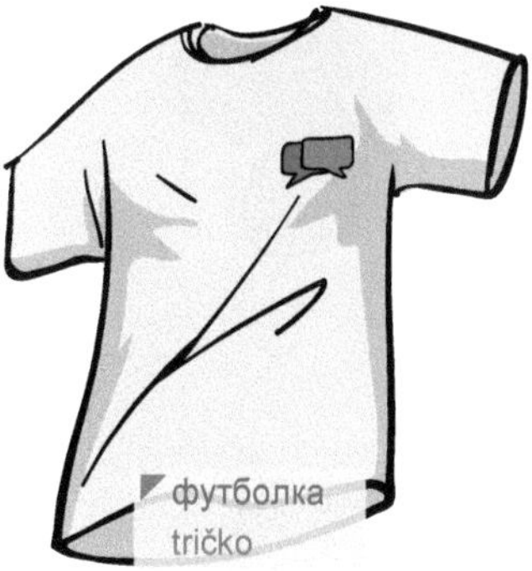

ремень
pásek

футболка
tričko

сапоги
kozačky

тапки
domácí obuv

кроссовки
tenisky

сандалии
sandály

ботинки
obuv

резиновые сапоги
holínky

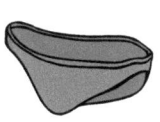

трусы
spodní prádlo

бюстгальтер
podprsenka

майка
nátělník

одежда - oblečení

боди

body

брюки

kalhoty

джинсы

džíny

юбка

sukně

блузка

blůza

рубашка

košile

свитер

svetr

свитер

mikina

спортивная куртка

blejzr

жакет

bunda

пальто

kabát

плащ

pláštěnka

костюм

kostým

платье

šaty

свадебное платье

svatební šaty

мужской костюм

oblek

ночная сорочка

noční košile

пижама

pyžamo

сари

sárí

платок

šátek na hlavu

тюрбан

turban

паранджа

burka

кафтан

kaftan

абайя

abája

купальник

plavky

плавки

pánské plavky

шорты

kraťasy

спортивный костюм

tepláková souprava

фартук

zástěra

перчатки

rukavice

пуговица

knoflík

очки

brýle

браслет

náramek

цепочка

náhrdelník

кольцо

prsten

серьга

náušnice

шапка

čepice

вешалка

ramínko

шляпа

klobouk

галстук

kravata

застежка молния

zip

шлем

helma

подтяжки

kšandy

школьная форма

školní uniforma

форма

uniforma

детский нагрудник

bryndák

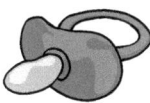

соска

dudlík

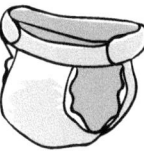

подгузник

plena

офис

kancelář

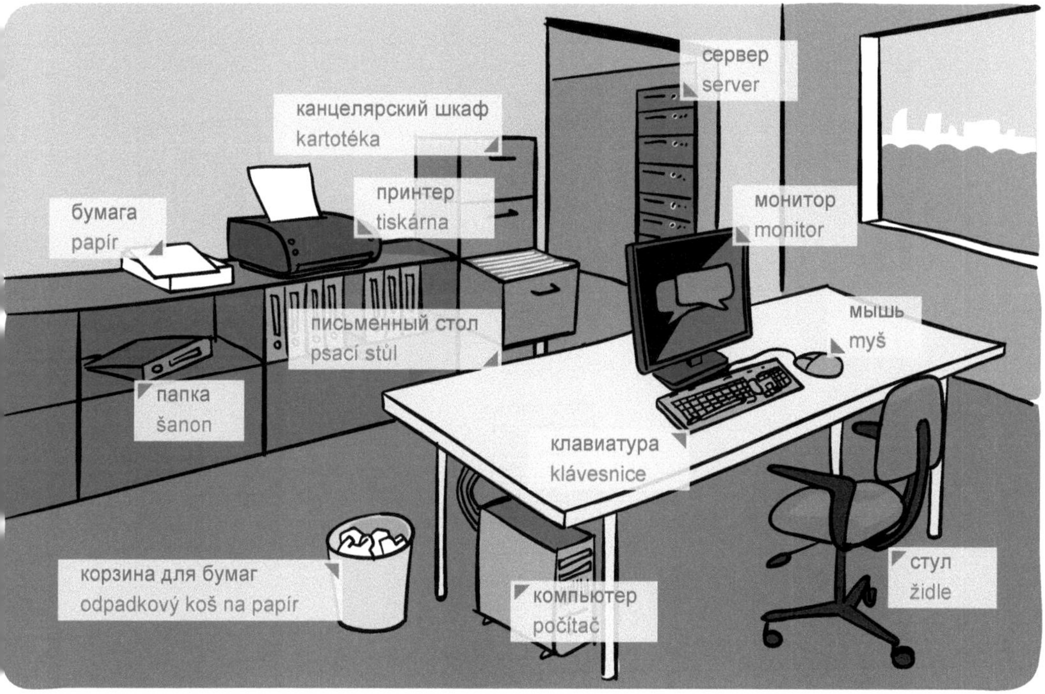

сервер
server

канцелярский шкаф
kartotéka

принтер
tiskárna

монитор
monitor

бумага
papír

мышь
myš

письменный стол
psací stůl

папка
šanon

клавиатура
klávesnice

корзина для бумаг
odpadkový koš na papír

стул
židle

компьютер
počítač

кофейная кружка

hrnek na kávu

калькулятор

kalkulačka

интернет

internet

ноутбук

notebook

письмо

dopis

сообщение

zpráva

мобильный телефон

mobil

сеть

síť

ксерокс

kopírka

программа

software

телефон

telefon

розетка

zásuvka

факс

fax

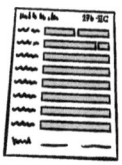

формуляр

formulář

документ

dokument

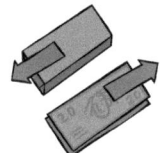

покупать

nakupovat

платить

zaplatit

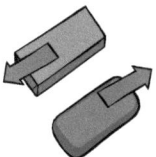

торговать

jednat

деньги

peníze

 **USD**

доллар

dolar

 **EUR**

евро

euro

 **JPY**

иена

jen

 **RUB**

рубль

rubl

 **CHF**

франк

frank

 **CNY**

жэньминьби юань

juan

 **INR**

рупия

rupie

банкомат

bankomat

пункт обмена валюты

směnárna

золото

zlato

серебро

stříbro

нефть

olej

энергия

energie

цена

cena

договор

smlouva

налог

daň

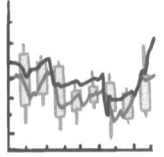

акция

akcie

работать

pracovat

служащий

zaměstnanec

работодатель

zaměstnavatel

фабрика

továrna

магазин

obchod

профессии
povolání

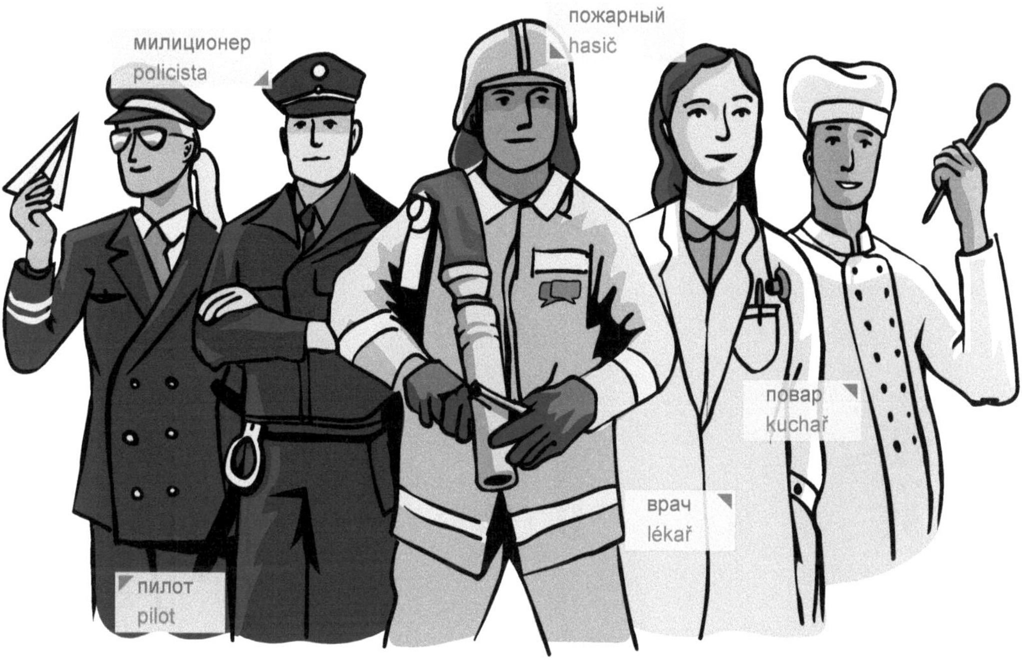
милиционер
policista
пожарный
hasič
повар
kuchař
врач
lékař
пилот
pilot

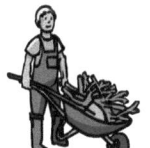

садовник
zahradník

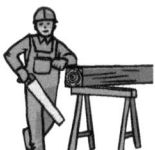

столяр
truhlář

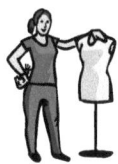

швея
švadlena

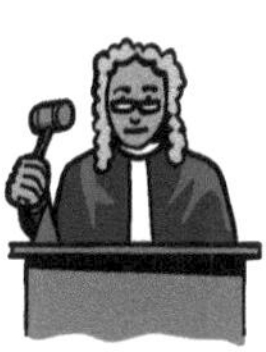

судья
soudce

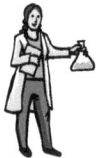

химик
chemik

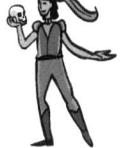

актёр
herec

водитель автобуса

řidič autobusu

таксист

řidič taxi

рыбак

rybář

уборщица

uklízečka

кровельщик

pokrývač

официант

číšník

охотник

myslivec

художник

malíř

пекарь

pekař

электрик

elektrikář

строитель

stavební dělník

инженер

inženýr

мясник

řezník

сантехник

klempíř

почтальон

listonoš

солдат

voják

архитектор

architekt

кассир

pokladní

флорист

florista

парикмахер

kadeřník

кондуктор

průvodčí

механик

mechanik

капитан

kapitán

зубной врач

zubař

ученый

vědec

раввин

rabín

имам

imám

монах

mnich

священник

duchovní

инструменты
nářadí

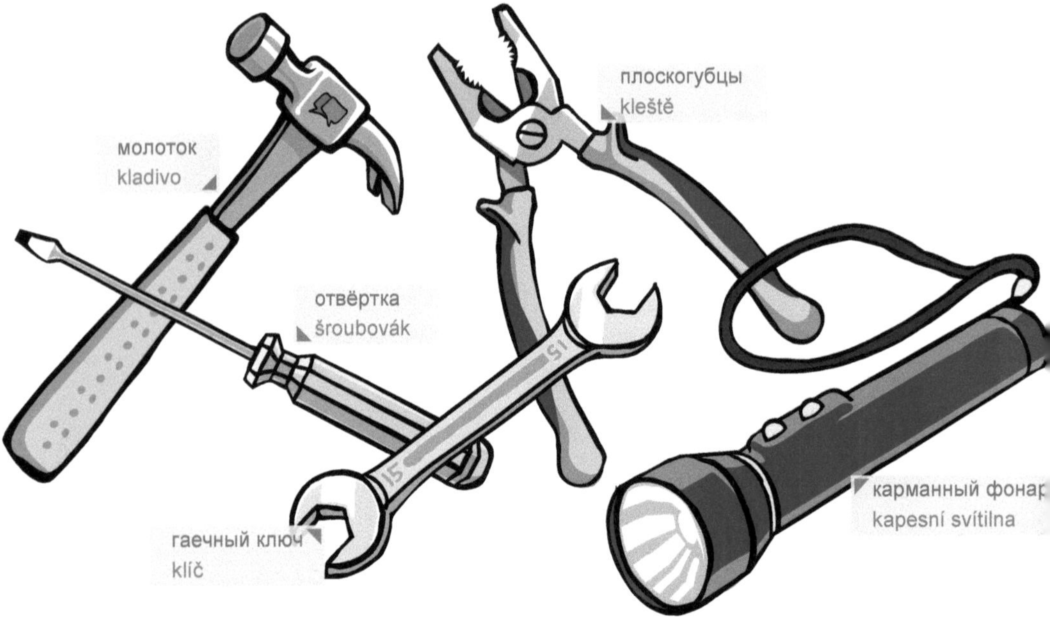
молоток
kladivo
плоскогубцы
kleště
отвёртка
šroubovák
гаечный ключ
klíč
карманный фонар
kapesní svítilna

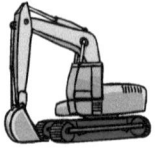

экскаватор

bagr

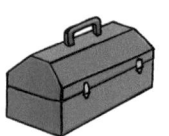

ящик для инструментов

skříň na nářadí

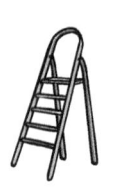

стремянка

žebřík

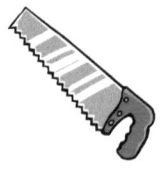

пила

pila

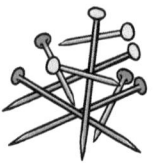

гвозди

hřebíky

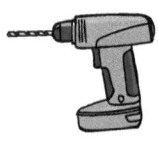

дрель

vrtačka

ремонтировать

opravit

лопата

lopata

Блин!

Kurva!

совок

lopatka

ведро с краской

vědroé na barvu

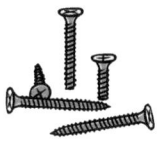

винты

šrouby

музыкальные инструменты
hudební nástroje

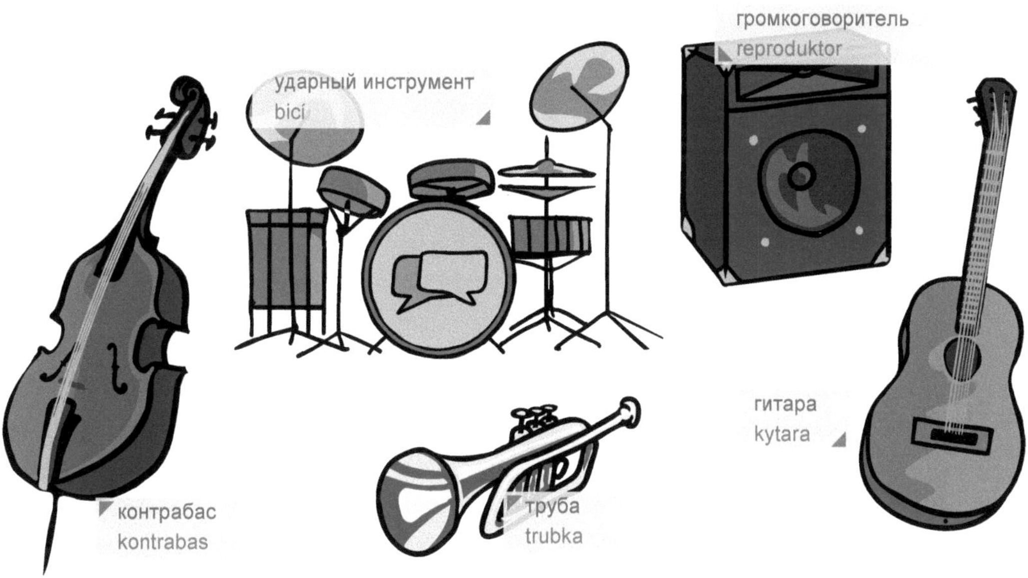

громкоговоритель
reproduktor

ударный инструмент
bicí

гитара
kytara

контрабас
kontrabas

труба
trubka

пианино

klavír

скрипка

housle

бас-гитара

basa

литавры

tympán

барабан

bubny

синтезатор

keyboard

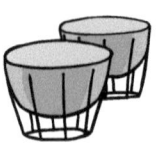

саксофон

saxofon

флейта

flétna

микрофон

mikrofon

музыкальные инструменты - hudební nástroje

зоопарк

zoo

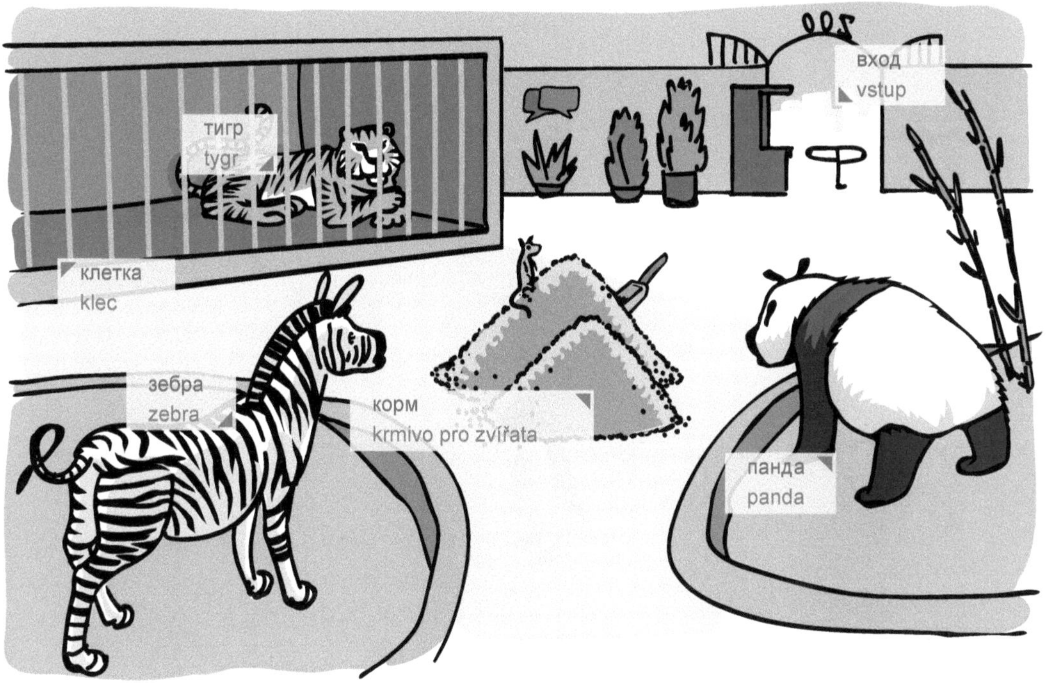
тигр
tygr
клетка
klec
вход
vstup
зебра
zebra
корм
krmivo pro zvířata
панда
panda

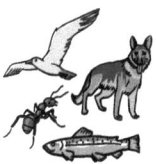

животные

zvířata

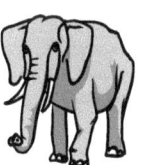

слон

slon

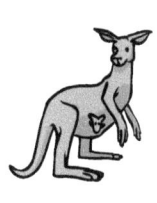

кенгуру

klokan

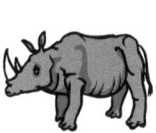

носорог

nosorožec

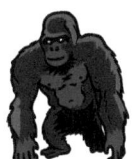

горилла

gorila

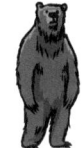

медведь

medvěd

верблюд

velbloud

страус

pštros

лев

lev

обезьяна

opice

фламинго

plameňák

попугай

papoušek

белый медведь

lední medvěd

пингвин

tučňák

акула

žralok

павлин

páv

змея

had

крокодил

krokodýl

служитель зоопарка

ošetřovatel zvířat

тюлень

tuleň

ягуар

jaguár

пони

poník

леопард

leopard

бегемот

hroch

жираф

žirafa

орёл

orel

кабан

divoké prase

рыба

ryby

черепаха

želva

морж

mrož

лиса

liška

газель

gazela

американский футбол
americký fotbal

езда на велосипеде
cyklistika

теннис
tenis

баскетбол
košíková

плавание
plavání

бокс
box

хоккей
lední hokej

футбол
kopaná

бадминтон
badminton

лёгкая атлетика
lehká atletika

гандбол
házená

лыжный спорт
běh na lyžích

поло
vodní pólo

действия
aktivity

прыгать
skočit
обнимать
objímat
смеяться
smát se
идти
jít
петь
zpívat
мечтать
snít
молиться
modlit se
целовать
políbit

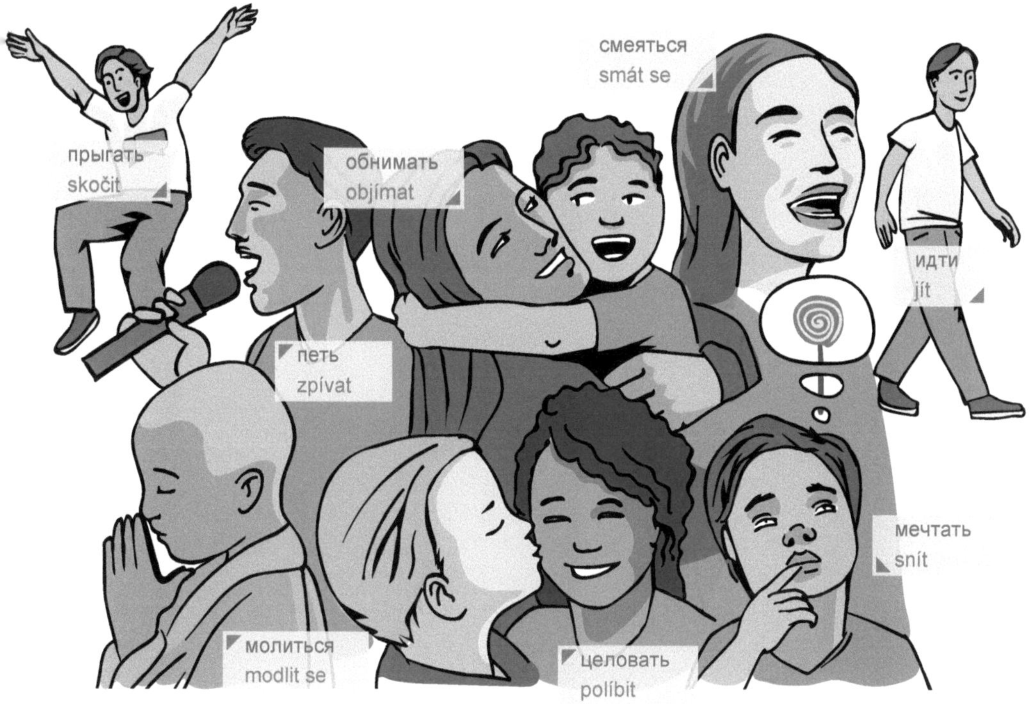

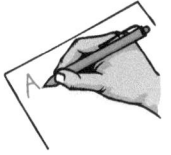

писать
psát

рисовать
kreslit

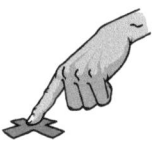

показывать
ukazovat

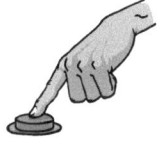

нажимать
tlačit

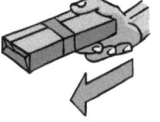

давать
dát

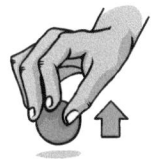

брать
vzít si

иметь
mít

делать
dělat

быть
být

стоять
stát

бежать
běhat

тянуть
táhnout

бросать
hodit

падать
padat

лежать
ležet

ждать
čekat

носить
nosit

сидеть
sedět

надевать
oblékat

спать
spát

просыпаться
vzbudit se

рассматривать

prohlédnout si

плакать

plakat

гладить

pohladit

причесывать

česat

говорить

hovořit

понимать

rozumět

спрашивать

ptát se

слушать

slyšet

пить

pít

кушать

jíst

наводить порядок

uklidit

любить

milovat

готовить

vařit

ехать

jet

летать

letět

ходить под парусом

plachtit

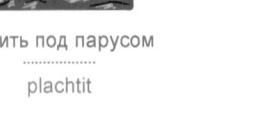

считать

počítat

читать

číst

учиться

učit se

работать

pracovat

вступать в брак

vzít si

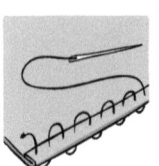

шить

šít

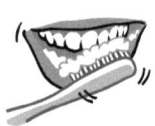

чистить зубы

čistit si zuby

убивать

zabít

курить

kouřit

отправлять

poslat

семья
rodina

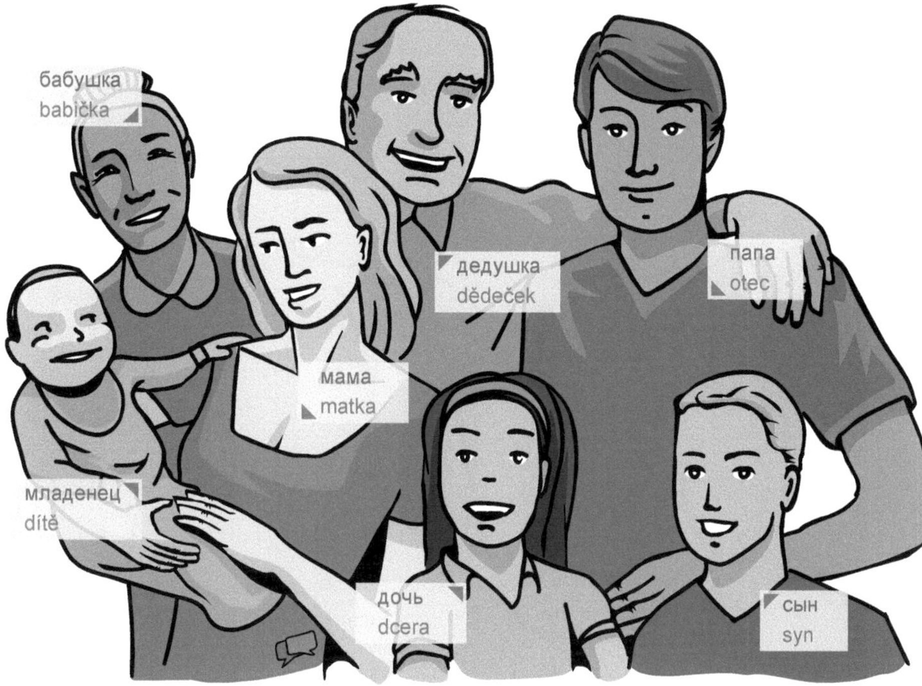
бабушка
babička
дедушка
dědeček
папа
otec
мама
matka
младенец
dítě
дочь
dcera
сын
syn

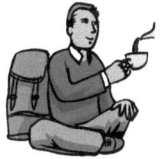

гость

host

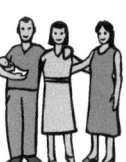

тетя

teta

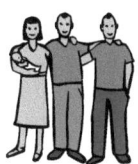

дядя

strýc

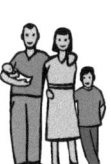

брат

bratr

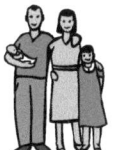

сестра

sestra

тело
tělo

лоб
čelo
глаз
oko
плечо
rameno
палец
prst
лицо
obličej
подбородок
brada
кисть
ruka
нога
dolní končetina
грудь
hruď
рука
paže

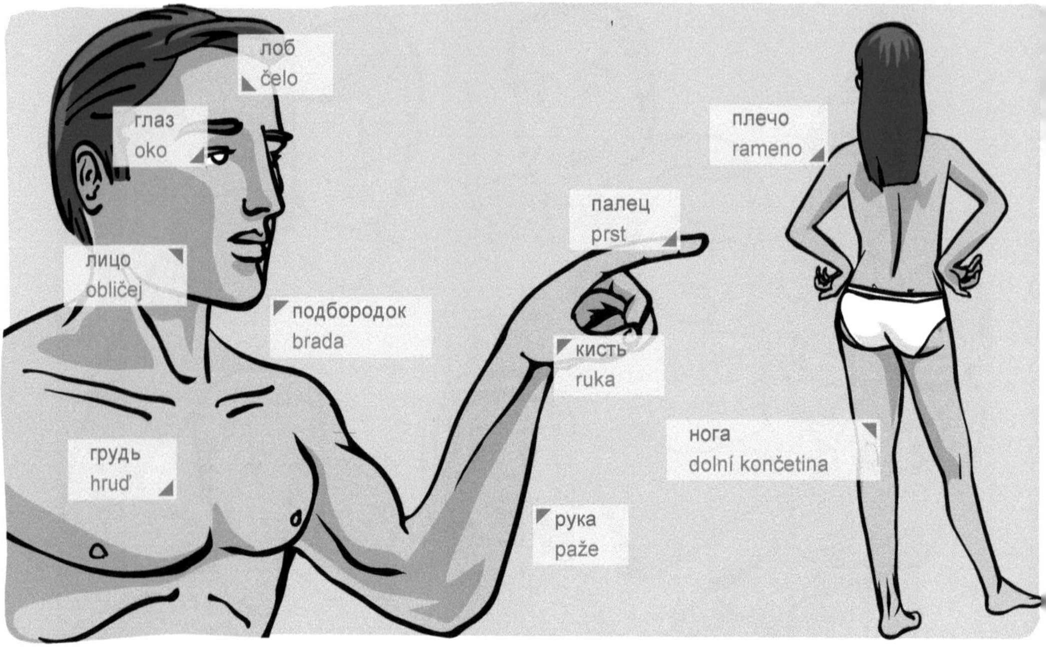

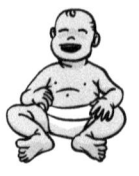

младенец

dítě

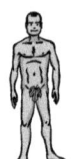

мужчина

muž

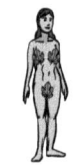

женщина

žena

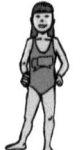

девочка

dívka

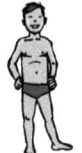

мальчик

chlapec

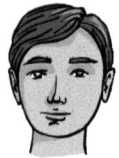

голова

hlava

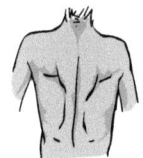

спина

záda

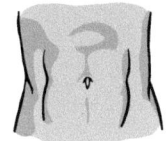

живот

břicho

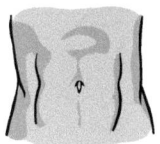

пупок

pupík

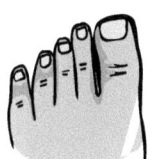

палец ноги

prst na noze

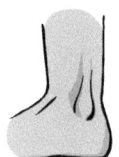

пятка

pata

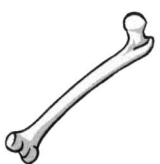

кость

kost

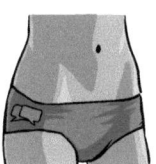

бедро

bok

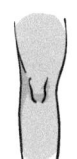

колено

koleno

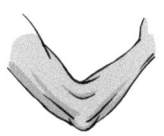

локоть

loket

нос

nos

ягодицы

zadek

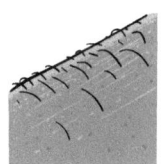

кожа

kůže

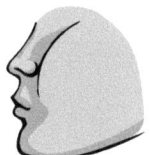

щека

tvář

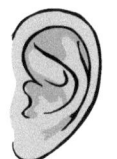

ухо

ucho

губа

ret

тело - tělo

рот

ústa

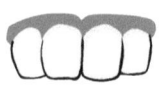

зуб

zub

язык

jazyk

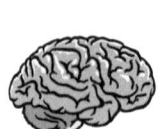

мозг

mozek

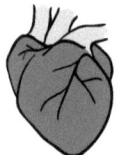

сердце

srdce

мышца

sval

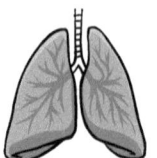

лёгкое

plíce

печень

játra

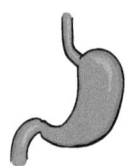

желудок

žaludek

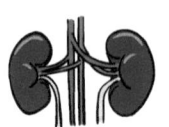

почки

ledviny

половой акт

pohlavní styk

презерватив

kondom

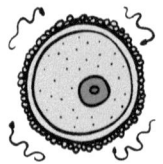

яйцеклетка

vajíčko

сперма

sperma

беременность

těhotenství

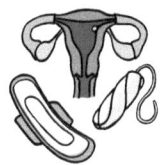

менструация

menstruace

вагина

vagina

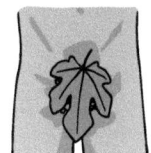

пенис

penis

бровь

oboči

волосы

vlasy

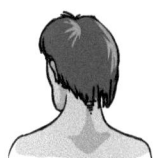

шея

krk

больница

nemocnice

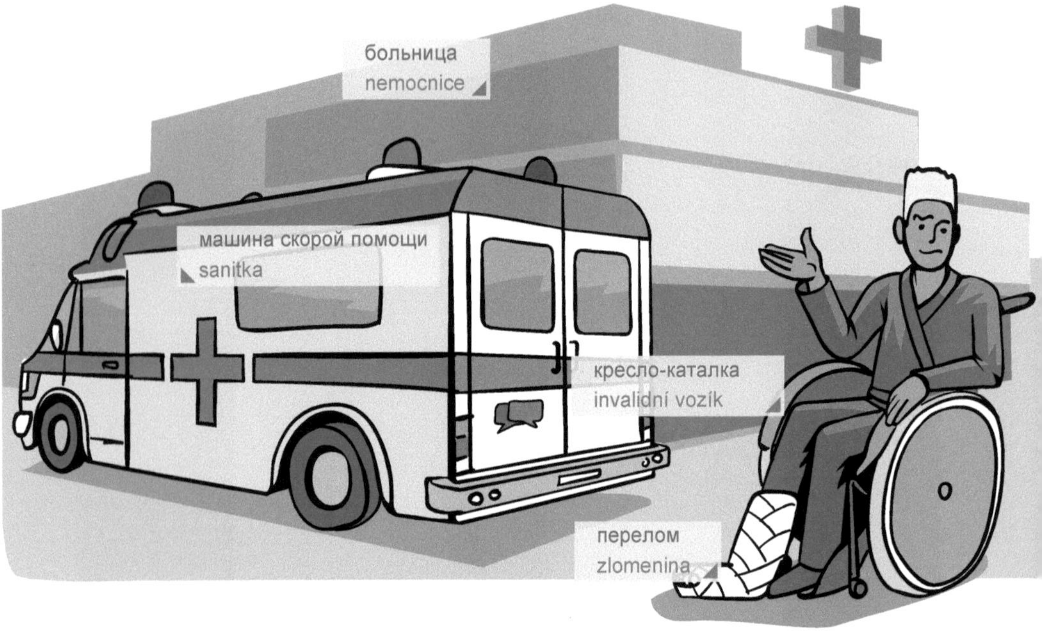

больница
nemocnice
машина скорой помощи
sanitka
кресло-каталка
invalidní vozík
перелом
zlomenina

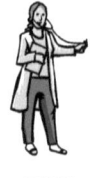

врач
lékař

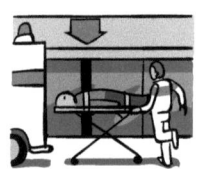

пункт первой помощи
pohotovost

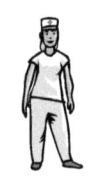

медсестра
zdravotní sestra

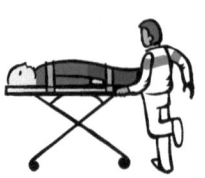

неотложный случай
urgentní případ

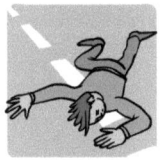

без сознания
v bezvědomí

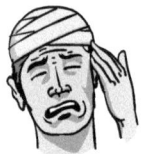

боль
bolest

повреждение

úraz

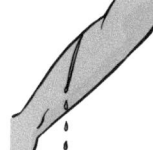

кровотечение

krvácení

инфаркт

infarkt myokardu

инсульт

cévní mozková příhoda

аллергия

alergie

кашель

kašel

повышенная температура

horečka

грипп

chřipka

понос

průjem

головная боль

bolest hlavy

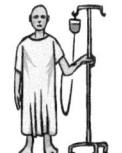

рак

rakovina

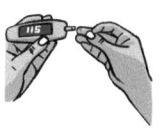

диабет

cukrovka

хирург

chirurg

скальпель

skalpel

операция

operace

КТ

CT

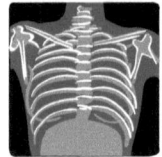

рентген

rentgen

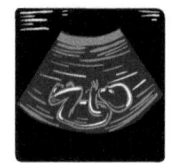

ультразвук

ultrazvuk

маска

maska

болезнь

nemoc

приёмная

čekárna

костыль

berle

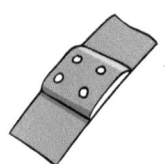

пластырь

náplast

бинт

obvaz

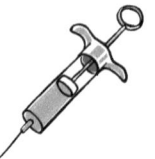

укол

injekce

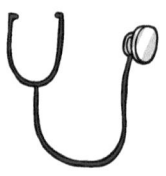

стетоскоп

stetoskop

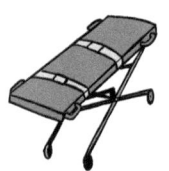

носилки

nosítka

термометр

teploměr

рождение

porod

избыточный вес

nadváha

слуховой аппарат

nasloucháтko

дезинфекционное средство

dezinfekční prostředek

инфекция

infekce

вирус

virus

ВИЧ / СПИД

HIV / AIDS

лекарство

lékařství

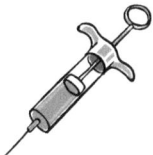

прививка

očkování

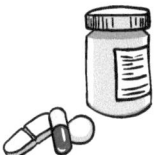

таблетки

tablety

противозачаточная таблетка

pilulka

экстренный вызов

tísňové volání

прибор для измерения кровяного давления

tonometr

больной / здоровый

nemocný / zdravý

Помогите!

Pomoc!

нападение

přepadení

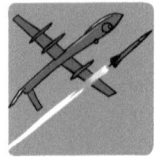

атака

napadení

опасность

nebezpečí

запасной выход

nouzový východ

сигнал тревоги

poplach

огнетушитель

hasicí přístroj

несчастный случай

nehoda

Пожар!

Hoří!

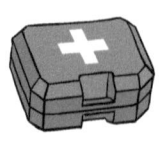

аптечка

zdravotnická brašna

SOS

SOS

милиция

policie

Европа

Evropa

Северная Америка

Severní Amerika

Южная Америка

Jižní Amerika

Африка

Afrika

Азия

Asie

Австралия

Austrálie

Атлантический океан

Atlantik

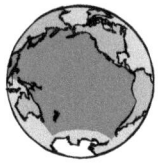

Тихий океан

Pacifik

Индийский океан

Indický oceán

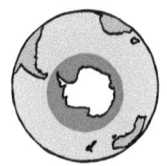

Антарктический океан

Jižní ledový oceán

Северный Ледовитый океан

Severní ledový oceán

Северный полюс

severní pól

Южный полюс

jižní pól

Антарктика

Antarktida

земля

země

суша

pevnina

море

moře

остров

ostrov

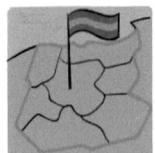

нация

národ

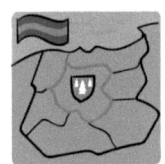

государство

stát

циферблат

ciferník

часовая стрелка

hodinová ručička

минутная стрелка

minutová ručička

секундная стрелка

vteřinová ručička

Который час?

Kolik je hodin?

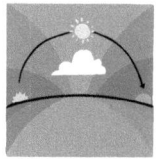

день

den

время

čas

сейчас

teď

электронные часы

digitální hodinky

минута

minuta

час

hodina

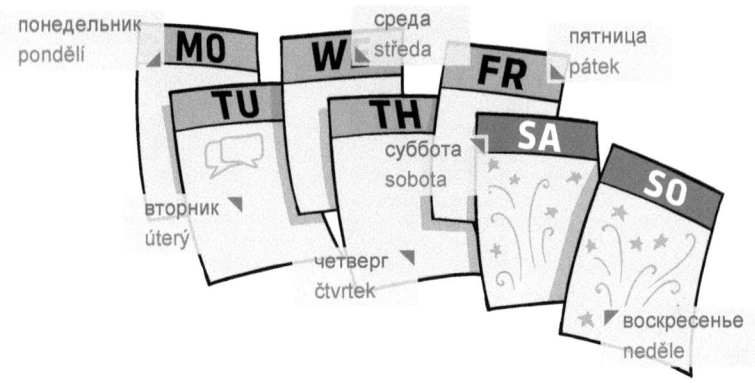

понедельник
pondělí

среда
středa

пятница
pátek

вторник
úterý

четверг
čtvrtek

суббота
sobota

воскресенье
neděle

вчера

včera

сегодня

dnes

завтра

zítra

утро

ráno

полдень

poledne

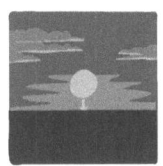

вечер

večer

рабочие дни

pracovní dny

выходные

víkend

год
rok

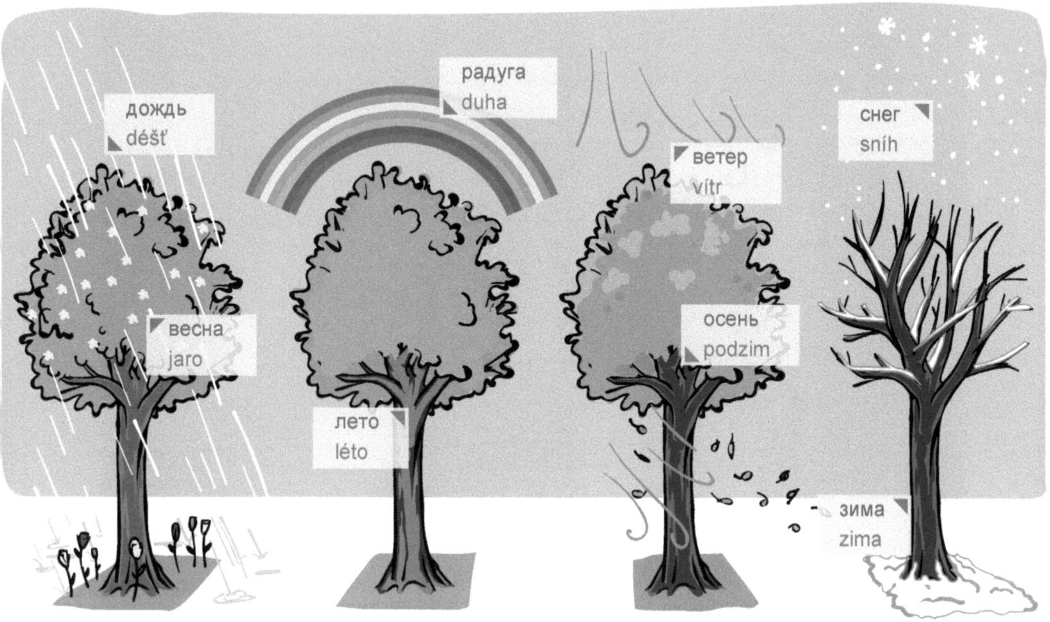

радуга
duha
дождь
déšť
снег
sníh
ветер
vítr
весна
jaro
осень
podzim
лето
léto
зима
zima

4.APRIL 11°
5.APRIL 4°
6.APRIL 13°
7.APRIL 8°
8.APRIL 10°

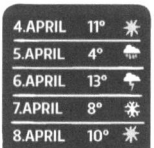

прогноз погоды

předpověď počasí

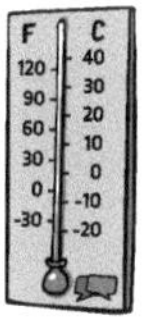

термометр

teploměr

солнечный свет

sluneční svit

туча

mrak

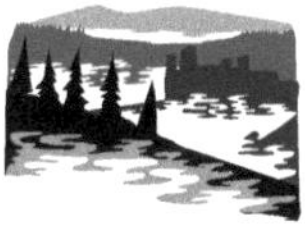

туман

mlha

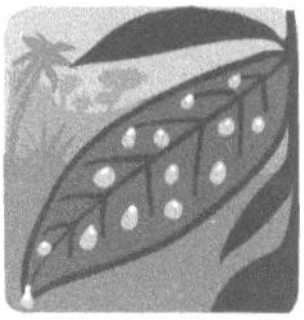

влажность воздуха

vlhkost

молния

blesk

гром

hrom

буря

bouřka

град

kroupy

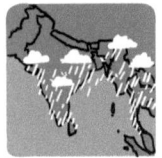

муссон

monzun

наводнение

povodeň

лёд

led

январь

leden

февраль

únor

март

březen

апрель

duben

май

květen

июнь

červen

июль

červenec

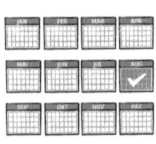

август

srpen

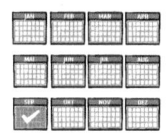

сентябрь

září

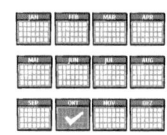

октябрь

říjen

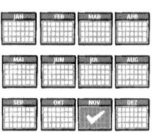

ноябрь

listopad

декабрь

prosinec

формы
tvary

круг

kruh

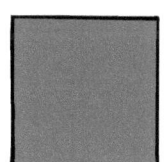

квадрат

čtverec

прямоугольник

obdélník

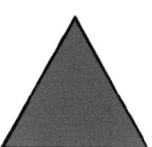

треугольник

trojúhelník

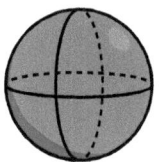

шар

koule

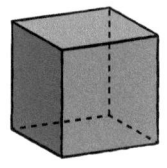

куб

krychle

белый

bílá

желтый

žlutá

оранжевый

oranžová

розовый

růžová

красный

červená

лиловый

fialová

синий

modrá

зелёный

zelená

коричневый

hnědá

серый

šedá

черный

černá

много / мало

hodně / málo

яростный / мирный

rozzuřený / mírumilovný

красивый / уродливый

krásný / ošklivý

начало / конец

začátek / konec

большой / маленький

velký / malý

светлый / темный

světlý / tmavý

брат / сестра

bratr / sestra

чистый / грязный

čistý / špinavý

полный / неполный

úplný / neúplný

день / ночь

den / noc

мёртвый / живой

mrtvý / živý

широкий / узкий

široký / úzký

съедобный / несъедобный

jedlý / nejedlý

злой / дружелюбный

zlý / hodný

взволнованный /
скучающий
vzrušený / znuděný

толстый / худой

tlustý / hubený

сначала / в конце

nejdříve / naposledy

друг / враг

přítel / nepřítel

полный / пустой

plný / prázdný

твёрдый / мягкий

tvrdý / měkký

тяжёлый / легкий

těžký / lehký

голод / жажда

hlad / žízeň

больной / здоровый

nemocný / zdravý

незаконный / законный

ilegální / legální

умный / глупый

inteligentní / hloupý

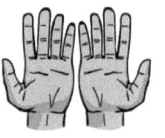

слева / справа

vlevo / vpravo

близко / далеко

blízko / daleko

новый / подержанный

nový / použitý

ничто / нечто

nic / něco

старый / молодой

starý / mladý

включено / выключено

zapnutý / vypnutý

открыто / закрыто

otevřeno / zavřeno

тихо / громко

tichý / hlasitý

богатый / бедный

bohatý / chudý

правильный /
неправильный
správný / špatný

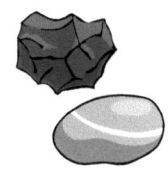

шероховатый / гладкий

drsný / hladký

печальный / счастливый

smutný / šťastný

короткий / длинный

krátký / dlouhý

медленный / быстрый

pomalý / rychlý

мокрый / сухой

vlhký / suchý

тёплый / прохладный

teplý / chladný

война / мир

válka / mír

противоположности - protiklady

0

ноль

nula

1

один

jedna

2

два

dva

3

три

tři

4

четыре

čtyři

5

пять

pět

6

шесть

šest

7

семь

sedm

8

восемь

osm

9

девять

devět

10

десять

deset

11

одиннадцать

jedenáct

12

двенадцать

dvanáct

13

тринадцать

třináct

14

четырнадцать

čtrnáct

15

пятнадцать

patnáct

16

шестнадцать

šestnáct

17

семнадцать

sedmnáct

18

восемнадцать

osmnáct

19

девятнадцать

devatenáct

20

двадцать

dvacet

100

сто

sto

1.000

тысяча

tisíc

1.000.000

миллион

milion

английский

angličtina

американский английский

americká angličtina

мандаринский китайский

standardní čínština

хинди

hindština

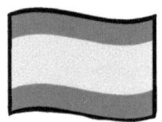

испанский

španělština

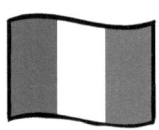

французский

francouzština

арабский

arabština

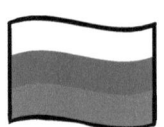

русский

ruština

португальский

portugalština

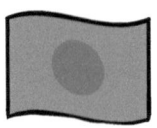

бенгальский

bengálština

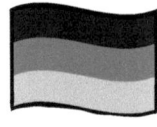

немецкий

němčina

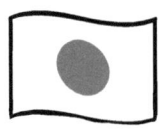

японский

japonština

я

já

ты

ty

он / она / оно

on / ona / ono

мы

my

вы

vy

они

oni

кто?

Kdo?

что?

Co?

как?

Jak?

где?

Kde?

когда?

Kdy?

имя

jméno

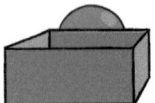

за

za

в

do

перед

z

над

nad

на

na

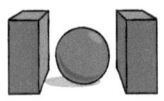

под

mezi

рядом

vedle

между

mezi

место

místo